A FIDEDIGNIDADE OU FIDELIDADE DE IMPLEMENTAÇÃO

CB038851

9786525066967

Editora Appris Ltda.

Copyright© 2024 das autoras

Direitos de Edição Reservados à Editora Appris Ltda.

FICHA TÉCNICA

SUPERVISORA EDITORIAL	Renata C. Lopes
DIAGRAMAÇÃO	Jibril Keddeh
CAPA	Amélia Lopes

Appris editora

Editora e Livraria Appris Ltda.
Av. Manoel Ribas, 2265 – Mercês
Curitiba/PR – CEP: 80810-002
Tel. (41) 3156 - 4731
www.editoraappris.com.br

Printed in Brazil
Impresso no Brasil

Ana Carolina Sella
Daniela Mendonça Ribeiro

A FIDEDIGNIDADE OU FIDELIDADE DE IMPLEMENTAÇÃO

A FIDEDIGNIDADE OU FIDELIDADE DE IMPLEMENTAÇÃO

A fidedignidade ou fidelidade pode ser descrita como sendo "o grau com o qual tratamentos são implementados conforme planejado, delineado ou pretendido" (McIntyre, Gresham, DiGennaro & Reed, 2007, p. 659). A medida da fidelidade é feita para que a acurácia e a consistência com as quais os procedimentos são implementados sejam mantidas. Tais medidas são essenciais para que intervenções baseadas em evidência sejam implementadas na prática cotidiana, visto que sem tais medidas, não há certeza de que foram realmente os procedimentos que geraram mudanças nos comportamentos (Breitenstein et al., 2010; Sella et al., 2020).

Há estudos demonstrando que quanto maior a fidelidade de implementação dos procedimentos, maior a efetividade do tratamento. Por exemplo, DiGennaro, Martens e Kleinmann (2007) tiveram como uma de suas medidas o nível de comportamento interferente de alunos em díades aluno-professor, a depender da fidelidade do tratamento. Encontraram que porcentagens maiores de fidelidade resultaram em menos comportamento interferente. Pollack, Staubitz e Lloyd (2023) usaram um sistema de *coaching* intensivo para assegurar fidelidade de implementação de um pacote de intervenção por educadores. Os autores discutiram que ter havido critérios de fidelidade foi essencial tanto para a aprendizagem das habilidades-alvo, como para a generalização para os ambientes nos quais o pacote deveria ser efetivamente implementado.

Medidas de fidelidade de implementação não acontecem apenas na ABA: estudos como o de Breitenstein et al. (2010), sobre intervenções baseadas na comunidade, de Schinckus, Van den Broucke, Housiaux e

Diabetes Literacy Consortium (2014) sobre programas para diabéticos e de Reho, Agley, DeSalle e Gassman (2016) sobre o rastreamento e a intervenção breve para álcool são apenas alguns exemplos dentre centenas que olharam para a fidelidade de implementação na saúde e na educação.

A fidelidade de implementação é importante por auxiliar no processo de assegurar não apenas a dimensão analítica da ABA, mas também as dimensões comportamental e tecnológica, assegurando que os procedimentos produzidos pela ciência sejam implementados da forma como foram concebidos. Pensando na necessidade de se avaliar a fidelidade de implementação, a seguir provemos alguns modelos de checklist que podem auxiliar coordenadores e supervisores de caso na avaliação da fidelidade de aplicação realizada por terapeutas aplicadores, pais e outros envolvidos no processo terapêutico. Mais especificamente, os modelos de checklist apresentados a seguir podem ser usados para avaliar a fidelidade de implementação do Treino de Comunicação Funcional (FCT), do método de Ensino por Tentativa Discreta (DTT) e de quatro tipos de avaliação de preferência.

CHECKLIST DE FIDEDIGNIDADE DE IMPLEMENTAÇÃO PARA TREINO DE COMUNICAÇÃO FUNCIONAL (FCT)

Criança:

Data:

Implementador:

Número da sessão:

Duração da sessão:

Passo do FCT (atraso/empobrecimento):

Instruções: Este checklist foi criado para a observação de cinco tentativas de implementação. Mais tentativas deverão ser observadas a depender da necessidade.

Marque C para componentes implementados corretamente e I, para incorretos. Sob erros de comissão, descreva se componentes não previstos foram feitos.

∞

Quadro 1

O acesso ao reforçador foi controlado antes da sessão?									S N	
Componente	Tentativa 1		Tentativa 2		Tentativa 3		Tentativa 4		Tentativa 5	
	Omis	Comis.	Omis	Comis.	Omis	Comis.	Omis	Comis.	Omis	Comis.
O implementador estava usando o Sd sinalizador da disponibilidade do reforço?	S N		S N		S N		S N		S N	
O implementador deu 1 minuto de atenção ou de acesso a item ou conversou sem dar demandas por 1 minuto antes de apresentar o Sd?	S N		S N		S N		S N		S N	
Após 1 minuto, o implementador sinalizou a retirada do reforçador ou a apresentação de demanda com um aviso verbal explícito?	S N		S N		S N		S N		S N	

A apresentação da condição aversiva foi conforme planejado?	S N		S N		S N		S N		S N	
Se a RCF era uso de cartão de troca, não havia outros distratores na mesa?	S N		S N		S N		S N		S N	
O implementador usou a dica programada?	S N		S N		S N		S N		S N	
A RCF foi consequenciada imediatamente?	S N		S N		S N		S N		S N	

Nota. Fonte para tempo de apresentação: Gerow, Rispoli, Ninci, Gregori e Hagan-Burke (2018). Omis = erros de omissão. Comis = erros de comissão. S = Sim. N = Não. RCF = resposta de comunicação funcional.

6

CHECKLIST DE FIDEDIGNIDADE DE IMPLEMENTAÇÃO PARA TENTATIVA DISCRETA (DTT)

Criança:

Data:

Implementador:

Número da sessão:

Duração da sessão:

Instruções: Este checklist foi criado para a observação de três tentativas de implementação. Mais tentativas deverão ser observadas a depender da necessidade.

Marque SIM para componentes implementados corretamente e NÃO para incorretos. Lembre-se de circular a resposta da criança.

Quadro 2

	Resposta da criança	1 C I A	2 C I A	3 C I A
Durante a Demanda	T. estava perto da criança	Sim Não	Sim Não	Sim Não
	T. estava no nível do olhar da criança	Sim Não	Sim Não	Sim Não
	T. conseguiu atenção da criança	Sim Não	Sim Não	Sim Não
	T. estabeleceu contato visual com a criança	Sim Não	Sim Não	Sim Não
	Instrução foi clara	Sim Não	Sim Não	Sim Não
	Na forma imperativa	Sim Não	Sim Não	Sim Não
	Específica ao comportamento	Sim Não	Sim Não	Sim Não
	Dica programada foi fornecida?	Sim Não	Sim Não	Sim Não
Após a resposta da criança	Elogio específico	Sim Não	Sim Não	Sim Não
	Acesso ao reforçador	Sim Não	Sim Não	Sim Não
Correção após dica incorreta	Nova instrução	Sim Não	Sim Não	Sim Não
	Modelo	Sim Não	Sim Não	Sim Não
	Dica física	Sim Não	Sim Não	Sim Não

Legenda: T – terapeuta; I – incorreta; C – correta; A – com ajuda

CHECKLIST DE FIDEDIGNIDADE DE IMPLEMENTAÇÃO DO ENSINO INCIDENTAL

Nome da criança:

Data:

Nome do(a) implementador(a):

Número da sessão:

Duração da sessão:

Instruções: Este checklist foi elaborado para a observação de três tentativas de implementação. Se necessário, mais tentativas poderão ser observadas.

Assinale SIM para componentes implementados corretamente e NÃO para componentes implementados incorretamente.

Quadro 3

Componentes	Tentativa 1	Tentativa 2	Tentativa 3
Conduziu avaliação de preferência antes de iniciar a sessão.	Sim Não	Sim Não	Sim Não
Preencheu a folha de registro com os dados da criança e a data, o comportamento-alvo e os materiais a serem utilizados no ensino.	Sim Não	Sim Não	Sim Não
Colocou os itens de preferência da criança fora do seu alcance, mas à sua vista (quantos forem necessários para aumentar as chances de evocação da resposta-alvo).	Sim Não	Sim Não	Sim Não
Aguardou a criança iniciar a tentativa, se aproximando ou apontando para um item.	Sim Não	Sim Não	Sim Não
Aguardou 3 segundos pela resposta-alvo independente da criança OU utilizou o nível de dica programado OU utilizou o atraso programado.	Sim Não	Sim Não	Sim Não
Após emissão do comportamento-alvo, deixou a criança acessar o item imediatamente pela duração combinada?	Sim Não	Sim Não	Sim Não
Registrou a resposta da criança e o nível de dica utilizado na folha de registro?	Sim Não	Sim Não	Sim Não
Após o tempo transcorrido de acesso, pediu o item de volta e o colocou novamente à vista, mas fora do alcance de criança?	Sim Não	3Sim Não	Sim Não

CHECKLIST DE FIDEDIGNIDADE DE IMPLEMENTAÇÃO PARA OBSERVAÇÃO DE OPERANTE LIVRE PLANEJADA

Nome da criança:

Data:

Nome do(a) implementador(a):

Número da sessão:

Duração da sessão:

Instruções: Este checklist foi elaborado para a observação de uma sessão de observação de operante livre. Se necessário, mais sessões poderão ser observadas.

Assinale SIM para componentes implementados corretamente e NÃO para componentes implementados incorretamente.

Quadro 4

Componentes	Sessão 1
Providenciou os materiais necessários para a condução da avaliação (protocolo de registro, lápis, cronômetro, itens a serem utilizados durante a avaliação).	Sim Não
Preencheu o protocolo de registro, colocando os nomes dos itens que serão utilizados na avaliação, as iniciais do nome da criança a ser avaliada, o nome da pessoa que conduzirá a avaliação e a data de realização da sessão.	Sim Não
Forneceu oportunidade à criança para interagir com cada item individualmente por 30 segundos.	Sim Não
Posicionou todos os itens de modo a formar um arco sobre uma mesa ou no chão na frente da criança.	Sim Não
Forneceu uma instrução para a criança como, por exemplo, "Vá brincar".	Sim Não
Pressionou o botão "iniciar" do cronômetro logo após a apresentação da instrução.	Sim Não
Registrou os dados usando o método de amostra temporal momentânea de 10 segundos por 5 minutos.	Sim Não
Pressionou o botão "parar" do cronômetro após transcorridos 5 minutos e encerrou a sessão, independentemente de a criança ter interagido com algum item.	Sim Não
Calculou a porcentagem de intervalos nos quais cada item foi manipulado.	Sim Não
Hierarquizou os itens de acordo com a porcentagem de engajamento.	Sim Não

CHECKLIST DE FIDEDIGNIDADE DE IMPLEMENTAÇÃO DA AVALIAÇÃO DE PREFERÊNCIA COM ESTÍMULO ÚNICO

Nome da criança:

Data:

Nome do(a) implementador(a):

Número da sessão:

Duração da sessão:

Instruções: Este checklist foi elaborado para a observação de três tentativas de implementação. Se necessário, mais tentativas poderão ser observadas.

Assinale SIM para componentes implementados corretamente e NÃO para componentes implementados incorretamente.

Quadro 5

Componentes	Tentativa 1	Tentativa 2	Tentativa 3
Providenciou os materiais necessários para a condução da avaliação (protocolo de registro, lápis, itens a serem utilizados durante a avaliação).	Sim Não	Sim Não	Sim Não
Preencheu o protocolo de registro, colocando os nomes dos itens que serão utilizados na avaliação, as iniciais do nome da criança a ser avaliada, o nome da pessoa que conduzirá a avaliação e a data de realização da sessão.	Sim Não	Sim Não	Sim Não
Forneceu oportunidade à criança para interagir com cada item individualmente por 30 segundos.	Sim Não	Sim Não	Sim Não
Apresentou o primeiro item a uma distância de 30 cm da criança.	Sim Não	Sim Não	Sim Não
Aguardou 5 segundos pela aproximação ao item.	Sim Não	Sim Não	Sim Não
Quando houve aproximação em 5 segundos, disponibilizou o item por 30 segundos.	Sim Não	Sim Não	Sim Não
Quando não houve aproximação em 5 segundos, reapresentou o item.	Sim Não	Sim Não	Sim Não
Registrou a resposta no protocolo de registro.	Sim Não	Sim Não	Sim Não
Apresentou todos os itens, repetindo os passos 4 a 8 na apresentação de cada item.	Sim Não	Sim Não	Sim Não

Reapresentou cada item pela segunda vez, repetindo os passos 2 a 9.	Sim	Não	Sim	Não	Sim	Não
Reapresentou cada item pela terceira vez, repetindo os passos 2 a 9.	Sim	Não	Sim	Não	Sim	Não
Calculou a porcentagem de aproximação a cada item, dividindo o número de vezes em que houve aproximação pelo número de vezes em que o item foi apresentado.	Sim	Não	Sim	Não	Sim	Não

CHECKLIST DE FIDEDIGNIDADE DE IMPLEMENTAÇÃO DA AVALIAÇÃO DE PREFERÊNCIA COM PARES DE ESTÍMULOS

Nome da criança:

Data:

Nome do(a) implementador(a):

Número da sessão:

Duração da sessão:

Instruções: Este checklist foi elaborado para a observação de três tentativas de implementação. Se necessário, mais tentativas poderão ser observadas.

Assinale SIM para componentes implementados corretamente e NÃO para componentes implementados incorretamente.

Quadro 6

Componentes	Tentativa 1	Tentativa 2	Tentativa 3
Providenciou os materiais necessários para a condução da avaliação (protocolo de registro, lápis, itens a serem utilizados durante a avaliação).	Sim Não	Sim Não	Sim Não
Preencheu o protocolo de registro, colocando os nomes dos itens que serão utilizados na avaliação, as iniciais do nome da criança a ser avaliada, o nome da pessoa que conduzirá a avaliação e a data de realização da sessão.	Sim Não	Sim Não	Sim Não
Forneceu oportunidade à criança para interagir com cada item individualmente por 30 segundos.	Sim Não	Sim Não	Sim Não
Colocou o par de itens sobre a mesa e forneceu a instrução "Pegue um".	Sim Não	Sim Não	Sim Não
Esperou 5 segundos pela resposta da criança.	Sim Não	Sim Não	Sim Não
Removeu imediatamente o item não escolhido.	Sim Não	Sim Não	Sim Não
Permitiu acesso ao item selecionado por 30 segundos.	Sim Não	Sim Não	Sim Não
Registrou o item selecionado no protocolo.	Sim Não	Sim Não	Sim Não
Após os 30 segundos, solicitou o item de volta com a instrução "Minha vez".	Sim Não	Sim Não	Sim Não

Quando a criança não pegou nenhum item em 5 segundos após a apresentação do par, removeu os itens e os reapresentou de modo a trocar suas posições.	Sim	Não	Sim	Não	Sim	Não
Quando a criança tentou pegar mais de um item, bloqueou esta resposta, removeu os itens e os reapresentou de modo a trocar suas posições.	Sim	Não	Sim	Não	Sim	Não
Quando a criança não escolheu nenhum item após a reapresentação de uma tentativa, iniciou a tentativa seguinte.	Sim	Não	Sim	Não	Sim	Não
Apresentou todos os pares, repetindo os passos 4 a 12 durante a apresentação de cada par.	Sim	Não	Sim	Não	Sim	Não
Após apresentar todos os pares, informou a criança sobre o término da avaliação, dizendo "Muito bem, acabou".	Sim	Não	Sim	Não	Sim	Não
Contou quantas vezes cada item foi escolhido.	Sim	Não	Sim	Não	Sim	Não

	Sim Não	Sim Não	Sim Não
Calculou a porcentagem de escolha de cada item, dividindo o número de vezes que o item foi escolhido pelo número de vezes em que ele foi apresentado e multiplicar o resultado por 100.	Sim Não	Sim Não	Sim Não
Classificou os itens de mais preferidos para menos preferidos, sendo que itens escolhidos acima de 80% das vezes em que foram apresentados devem ser classificados como de alta preferência; itens escolhidos entre 60% e 80% devem ser classificados como de média preferência e itens escolhidos em menos de 60% devem ser classificados como de baixa preferência.	Sim Não	Sim Não	Sim Não

Nota. Passos extraídos e adaptados de Mota, Ribeiro e Marques (2021).

CHECKLIST DE FIDEDIGNIDADE DE IMPLEMENTAÇÃO DA AVALIAÇÃO DE PREFERÊNCIA COM MÚLTIPLOS ESTÍMULOS

Nome da criança:

Data:

Nome do(a) implementador(a):

Número da sessão:

Duração da sessão:

Instruções: Este checklist foi elaborado para a observação de três tentativas de implementação. Se necessário, mais tentativas poderão ser observadas.

Assinale SIM para componentes implementados corretamente e NÃO para componentes implementados incorretamente.

Componentes	Tentativa 1	Tentativa 2	Tentativa 3
Providenciou os materiais necessários para a condução da avaliação (protocolo de registro, lápis, itens a serem utilizados durante a avaliação).	Sim Não	Sim Não	Sim Não
Preencheu o protocolo de registro, colocando os nomes dos itens que serão utilizados na avaliação, as iniciais do nome da criança a ser avaliada, o nome da pessoa que conduzirá a avaliação e a data de realização da sessão.	Sim Não	Sim Não	Sim Não
Forneceu oportunidade à criança para interagir com cada item individualmente por 30 segundos.	Sim Não	Sim Não	Sim Não
Posicionou uma divisória entre a criança e o(a) terapeuta e colocou os itens de forma linear sobre uma mesa, com distância aproximada de 5 cm um do outro.	Sim Não	Sim Não	Sim Não
Removeu a divisória e forneceu a instrução "Pegue um".	Sim Não	Sim Não	Sim Não
Esperou 5 segundos pela resposta da criança.	Sim Não	Sim Não	Sim Não
Permitiu acesso ao item selecionado por 30 segundos.	Sim Não	Sim Não	Sim Não
Colocou a divisória entre a criança e o(a) terapeuta e reorganizou os itens, trazendo o último item do lado esquerdo para o lado direito e reorganizando todos os itens de modo que cada um ficasse a uma distância aproximada de 5 cm do outro.	Sim Não	Sim Não	Sim Não
Registrou o item selecionado no protocolo.	Sim Não	Sim Não	Sim Não

Após os 30 segundos, solicitou o item de volta com a instrução "Minha vez".	Sim	Não	Sim	Não	Sim Não
Se a criança não pegou nenhum item em 5 segundos após a apresentação dos itens, reiniciou a tentativa, recolocando e removendo a divisória e fornecendo a instrução.	Sim	Não	Sim	Não	Sim Não
Quando a criança tentou pegar mais de um item, bloqueou esta resposta e reapresentou a tentativa.	Sim	Não	Sim	Não	Sim Não
Quando a criança não escolheu nenhum item após a reapresentação de uma tentativa, encerrou a sessão.	Sim	Não	Sim	Não	Sim Não
Repetiu os passos 4 a 13 até que todos os itens fossem escolhidos.	Sim	Não	Sim	Não	Sim Não
Contou quantas vezes cada item foi escolhido.	Sim	Não	Sim	Não	Sim Não
Contou quantas vezes cada item foi apresentado.	Sim	Não	Sim	Não	Sim Não
Calculou a porcentagem de escolha de cada item, dividindo o número de vezes que o item foi escolhido pelo número de vezes em que ele foi apresentado e multiplicar o resultado por 100.	Sim	Não	Sim	Não	Sim Não
Classificou os itens de mais preferidos para menos preferidos, sendo que itens escolhidos acima de 80% das vezes em que foram apresentados devem ser classificados como de alta preferência; itens escolhidos entre 60% e 80% devem ser classificados como de média preferência e itens escolhidos em menos de 60% devem ser classificados como de baixa preferência.	Sim	Não	Sim	Não	Sim Não

REFERÊNCIAS

Breitenstein, S. M., Gross, D., Garvey, C., Hill, C., Fogg, L., & Resnick, B. (2010). Implementation fidelity in community-based interventions. *Research in Nursing & Health, 33*(2), 164-173. http://doi.org/10.1002/nur.20373.

DiGennaro, F. D., Martens, B. K., & Kleinmann, A. E. (2007). A comparison of performance feedback procedures on teachers' treatment implementation integrity and students' inappropriate behavior in special education classrooms. *Journal of Applied Behavior Analysis, 40*(3), 447-461. https://doi.org/10.1901/jaba.2007.40-447.

Gerow, S., Rispoli, M., Ninci, J., Gregori, E. V., & Hagan-Burke, S. (2018). Teaching Parents to Implement Functional Communication Training for Young Children With Developmental Delays. *Topics in Early Childhood Special Education, 38*(2), 68-81. https://doi.org/10.1177/0271121417740637.

McIntyre, L. L., Gresham, F. M., DiGennaro, F. D., & Reed, D. D. (2007). Treatment integrity of school-based interventions with children in the Journal of Applied Behavior Analysis 1991-2005. *Journal of Applied Behavior Analysis, 40*(4), 659-672. https://doi.org/10.1901/jaba.2007.659-672.

Mota, F. S., Ribeiro, D. M., & Marques, L. B. (2021). Produção e validação de um vídeo para ensinar a condução de avaliação de preferência. *Acta Comportamentalia: Revista Latina de Análisis de Comportamiento, 29*(3), 25-45.

Pollack, M. S., Staubitz, J. L., & Lloyd, B. P. (2023). Effects of intensive coaching on educator implementation of a comprehensive function-based intervention package. *Journal of Behavioral Education, 32*(2), 334-361. https://doi.org/10.1007/s10864-021-09446-1.

Reho, K., Agley, J., DeSalle, M., & Gassman, R. A. (2016). Are we there yet? A review of screening, brief intervention, and referral to treatment (SBIRT) implementation fidelity tools and proficiency checklists. *The Journal of Primary Prevention, 37*, 377-388.

Schinckus, L., Van den Broucke, S., Housiaux, M., & Diabetes Literacy Consortium. (2014). Assessment of implementation fidelity in diabetes self-management education programs: a systematic review. *Patient Education and Counseling, 96*(1), 13-21.

Sella, A. C., de Santana Santos, J. J., Cavalcante, R. D. P., Gomes, S. N. B., Santana, S. L. S., & Ribeiro, D. M. (2020). Concordância entre observadores e fidelidade de implementação no Brasil: Uma revisão. *Acta Comportamentalia: Revista Latina de Análisis de Comportamiento, 28*(1), 53-71.